Graine de Conte à colorier

de Sandra Dumeix

Lorsque l'Amour frappe à votre porte, sachez l'accueill

Dame Coccinelle aime s'envoler vers d'autres contrées.

Le doux parfum des fleurs
lui chantonne aux antennes.

À l'aide de ses deux petites ailes, de sept points colorés,
elle parcourt le monde à la recherche
de nouvelles aventures.

Elle vole en direction de l'Afrique.
La chaleur lui donne quelques rougeurs aux ailes.

Les herbes sont si hautes dans la savane,
que Dame Coccinelle se nourrit
joyeusement d'insectes et d'herbe.

Puis, elle fait un arrêt en Asie.
Que de beautés, Dame Coccinelle découvre.

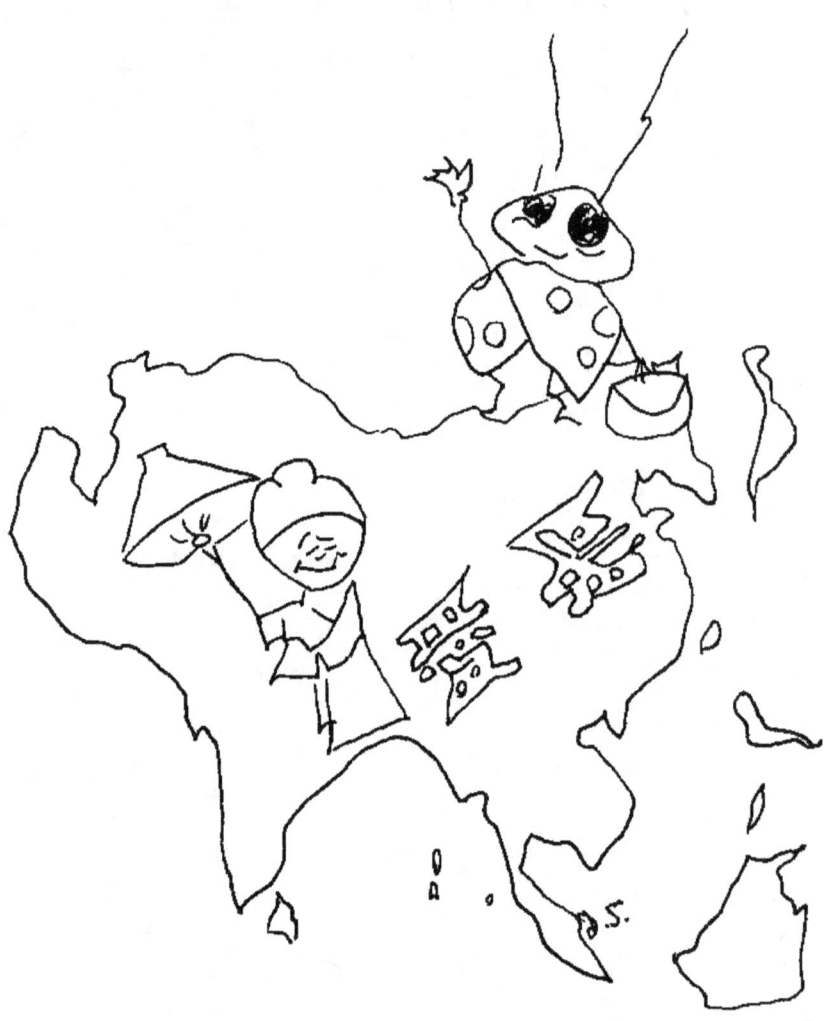

Dame Coccinelle rejoint ensuite le Pacifique.
Elle survole l'Australie. Le désert est majestueux.

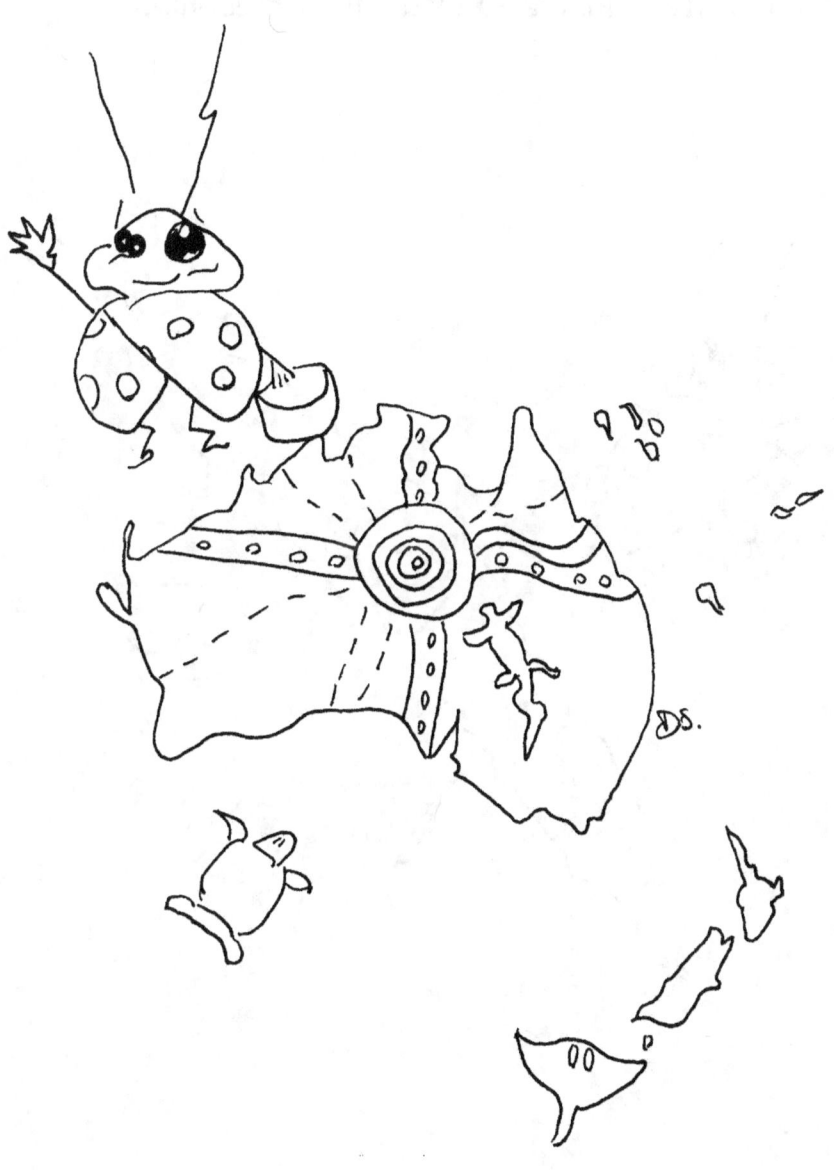

Les îles et la clarté de la mer sont magnifiques.

Dame Coccinelle décide alors de rester
sur une île nommée la Nouvelle-Calédonie.

D.S.

La beauté du paysage et les parfums charment Dame Coccinelle.

Lorsqu'elle rencontre Monsieur Coccinelle,
elle tombe sous le charme.

Monsieur Coccinelle a également sept points sur son dos,
tout comme Dame Coccinelle.
Dame Coccinelle se fait courtiser et
ils s'échangent un premier baiser.
Très vite, Dame Coccinelle souhaite repartir
à la découverte du monde, mais voilà ...
Monsieur Coccinelle est hésitant.
Il aime le goût croquant des insectes et
le climat de la Nouvelle-Calédonie.

Dame Coccinelle décide de rester
aux côtés de Monsieur Coccinelle.
L'Amour entre Monsieur Coccinelle et
Dame Coccinelle grandit de jour en jour, pourtant ...
Dame Coccinelle rêve de pays lointain et de voyages.

Les années passent et Dame Coccinelle
perd de vue ses rêves.
Monsieur Coccinelle lui construit
un magnifique lieu de vie.

Des centaines de pucerons séjournent aux environs,
ainsi le couple se nourrissent à leur faim.
L'ombre est agréable sous les immenses palmiers et
la brise légère de l'océan berce leurs douces nuits.

La saison des pontes arrive et Monsieur Coccinelle
émet le désir d'avoir des bébés coccinelles.

Dame Coccinelle repense alors à ses rêves de voyages.
Et elle décide de s'envoler, espérant emmener Monsieur
Coccinelle dans ce périple.
Mais Monsieur Coccinelle n'a pas les mêmes souhaits.
Sans hésiter, Dame Coccinelle prend son envol
et elle repart voyager.

Les Amériques sont de toutes beautés.

Dame Coccinelle décide de s'installer au Mexique.
Elle parle souvent dans ses rêves à
Monsieur Coccinelle, lui demandant de la rejoindre.

Les années passent et l'amour est
toujours présent entre
Dame et Monsieur Coccinelle, malgré la distance.
Alors, une décision est prise ...

Dame Coccinelle et Monsieur Coccinelle
feront chacun la moitié du trajet
pour se rejoindre en Russie.

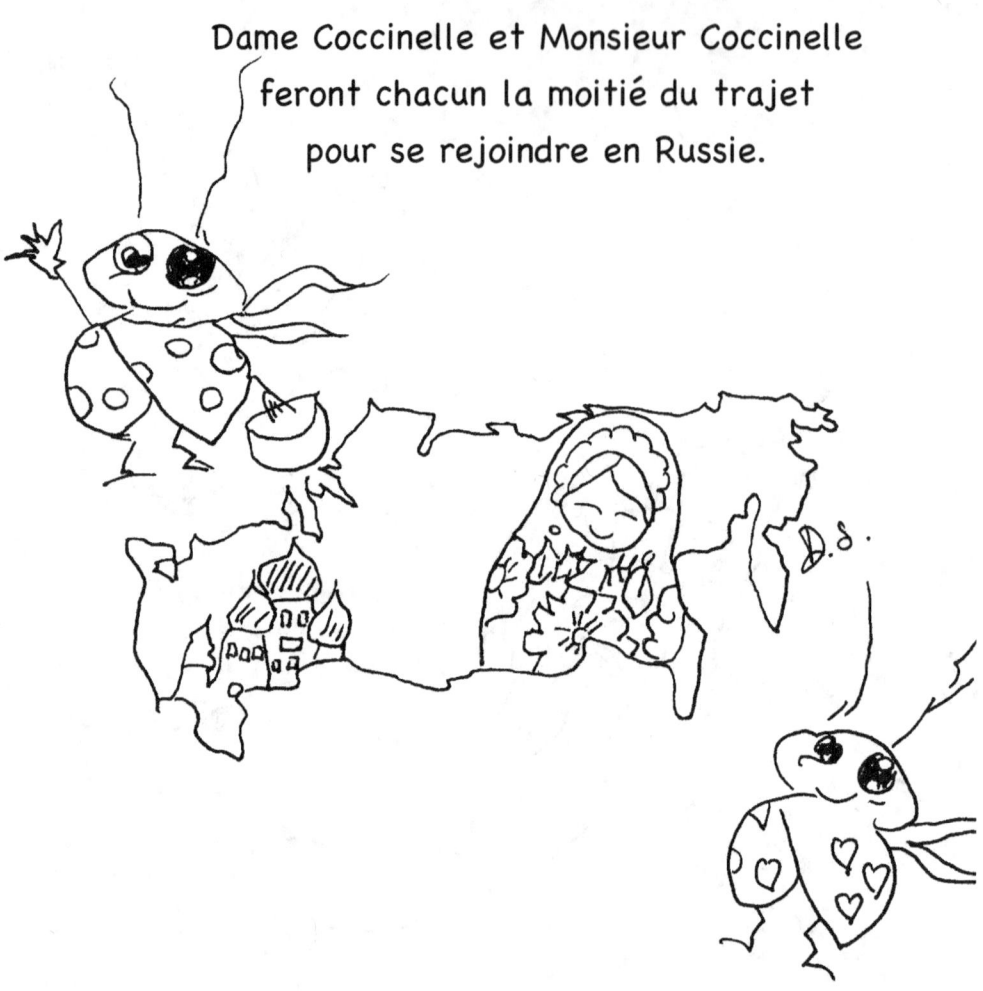

À leur arrivée, ils s'enlacent, heureux de se retrouver.
L'un contre l'autre, ils ne ressentent pas le froid glacial.

Lorsque l'Amour frappe à votre porte, sachez l'accueillir

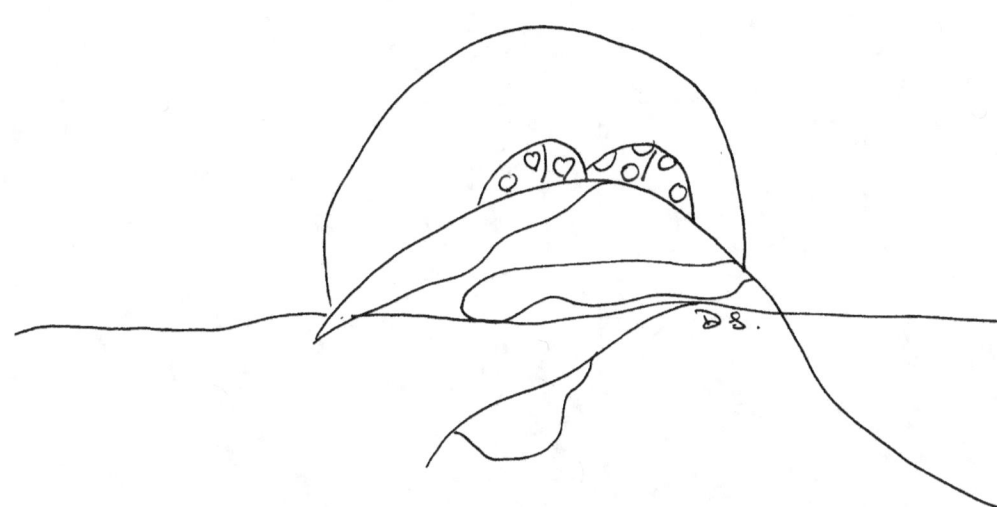

Sandra Dumeix

Auteur Artiste, Sandra
souhaite à travers l'écriture transmettre
aux enfants un espace d'harmonie et de sérénité.
Après un parcours au sein de la Protection
de l'Enfance auprès de la communauté
Aborigène d'Australie, volontariat auprès
des enfants des rues au Cambodge, Philippines ...
Sandra se consacre à son travail d'artiste
 pour les enfants et les adolescents.
Tout enfant a le droit de rêver,
de jouer, de rire, de s'épanouir et
surtout d'être aimé.

Les enfants sont des âmes sensibles
et il est en notre devoir, nous, adultes
de les guider vers leur épanouissement